La historia de Sacagawea

Virgil Franklin

Traducción al español: Mauricio Velázquez de León

Rosen REAL READERS en español

The Rosen Publishing Group, Inc.
New York

Published in 2001, 2003 by The Rosen Publishing Group, Inc.
29 East 21st Street, New York, NY 10010

First Library Edition in Spanish: 2003
First Library Edition in English: 2001

Book Design: Ronald A. Churley

Photo Credits: Cover, pp. 1, 4, 7, 8, 13, 15, 17, 19, 21 © Corbis-Bettman; pp. 10, 11 © Archive Photos.

Library of Congress Cataloging-in-Publication Data

Franklin, Virgil, 1970-
La historia de Sacagawea / Virgil Franklin: Traducción al español Mauricio Velázquez de León.
p. cm. — (The Rosen Publishing Group's reading room collection)
Summary: introduces the life of Shoshoni Sacagawea, from early childhood through her days guiding the Lewis and Clark Expedition through the American wilderness, and speculates on her life after that adventure.
ISBN: 0-8239-8705-1(pbk)
ISBN: 0-8239-8715-9(hc)
6-pack ISBN: 0-8239-8748-5
1. Sacagawea, 1786-1884—Juvenile literature. 2. Shoshoni women--Biography—Juvenile literature. 3. Lewis and Clark Expedition (1804-1806)—Juvenile literature. [1. Sacagawea, 1786-1884. 2. Shoshoni Indians—Biography. 3. Indians of North America—Biography. 4. Women—Biography. 5. Lewis and Clark Expedition (1804-1806) 6. Spanish Language Materials] I. Title.
II. Series
F592.7.S123 F7 2001
978.004'9745'0092--dc21

2001006837

Manufactured in the United States of America

Contenido

La vida con los Shoshone

Sacagawea nació aproximadamente en 1788. Fue miembro de la tribu indígena norteamericana conocida como los Shoshone occidentales. Esta tribu vivía cerca de las Montañas Rocallosas, en lo que hoy ocupan los estados de Idaho, Utah y Nevada. Existen muchas historias alrededor de la vida de Sacagawea. Una de ellas dice que los indios Hidatsa se la robaron de su casa cuando tenía doce años de edad.

Sacagawea vivió con la tribu de los Shoshone hasta los doce años de edad.

La villa Hidatsa

Los indios Hidasta llevaron a Sacagawea a sus villas, en lo que hoy es Dakota del Norte. Unos tres años más tarde, la vendieron a un cazador de pieles franco-canadiense llamado Toussaint Charbonneau. Charbonneau había vivido durante años entre los indígenas norteamericanos.

Muchos colonos, como Toussaint Charbonneau, aprendieron de los indígenas americanos el comercio de pieles de animales en el oeste norteamericano.

Matrimonio

Más tarde, Charbonneau se casó con Sacagawea. Sacagawea no tuvo una vida fácil a su lado. Cuando se enojaba, le gritaba y la golpeaba. Sacagawea no creía que lo podía dejar. En 1805, a la edad de diecisiete años, dio a luz su primer bebé. Su nombre fue Jean Baptiste.

Sacagawea y su familia vivían con los indios Hidatsa en una villa como la de la ilustración.

Lewis y Clark

Meriwether Lewis

En 1804, dos **exploradores** llamados, Meriwether Lewis y William Clark se establecieron cerca de las villas Hidatsas y construyeron el Fuerte Mandan. Estos hombres fueron enviados por el Presidente Thomas Jefferson para explorar la franja noreste de los Estados Unidos y encontrar una **ruta** directa con el Océano Pacífico.

El Presidente Jefferson le pidió a Meriwether Lewis explorar la franja noreste de Norteamérica.

Lewis y Clark necesitaban **guías** que conocieran la tierra y hablaran la lengua natal de los indios. Sacagawea y Charbonneau fueron contratados como sus guías.

William Clark, explorador y amigo de Meriwether Lewis se unió al viaje al noreste.

Una aventura increíble

El equipo de treinta y tres personas de Lewis y Clark, comenzaron la exploración en abril de 1805. Sacagawea cargó en su espalda a Jean Baptiste mientras guiaba al grupo por las Montañas Rocallosas. Cocinaba las raíces, granos y bayas que encontraba en el camino. Sacagawea hablaba en su propia lengua con los indígenas que encontraban en el camino e hizo muchos amigos. Ellos le deban suplementos y caballos.

Sacagawea guió a Lewis y Clark por la difícil jornada a través de las montañas rocallosas.

Valor a toda prueba

Lewis y Clark escribieron con frecuencia de la fuerza y el valor de Sacagawea en los momentos difíciles. El 14 de mayo de 1805, fuertes vientos casi hunden el bote en que navegaba. Con toda calma, Sacagawea evitó que cayeran al agua documentos importantes y **medicinas** de Lewis y Clark. Más adelante en el viaje, Sacajawea se salvó de morir ahogada con su bebé en una inundación.

Sacagawea enfrentó muchos peligros durante la larga jornada.

Encuentro familiar

Tras cuatro meses de viaje el grupo se encontró con algunos indios Shoshone. Sacagawea se enteró que se hermano se había convertido en jefe de la tribu. El la ayudó a conseguir caballos para que el grupo continuara su **jornada**. Sacagawea tomó la difícil decisión de dejar su familia y seguir con los exploradores. El grupo llegó al Océano Pacífico en noviembre de 1805.

La familia es muy importante para los nativos americanos. Sacagawea visitó a su familia durante el viaje, pero no se quedó con ellos.

¿Qué le pasó a Sacagawea?

Hay muchas anécdotas sobre lo que sucedió con Sacagawea después del viaje con Lewis y Clark. Sabemos que regresó al Fuerte Mandan el 14 de agosto de 1806. También sabemos que tuvo una bebé llamada Lisette en 1810. Existen documentos que muestran que William Clark adoptó a Lisette y a Jean Baptiste en 1813. Pero nadie sabe con seguridad qué pasó con Sacagawea. Alguenos piensan que se enfermó y murió a los veinticinco años de edad.

Sacagawea jugó un papel importante en la historia de los Estados Unidos. Aquí la vemos en una estatua en Portland, Oregon.

La versión de los Shoshone

Los Shoshone creen que Sacagawea se casó nuevamente, cambio de nombre y tuvo muchos hijos más. De acuerdo con los Shoshone, vivió hasta los noventa y seis años de edad y murió en 1884. Muchos Shoshone creen que esta mujer era Sacagawea porque hablaba francés y sabía mucho del viaje de Lewis y Clark.

Muchas personas creen que Sacagawea usó otro nombre para ayudar a que los Shoshone conservaran sus tierras a manos de los colonos.

Recordada por siempre

El conocimiento de Sacagawea de las lenguas indígenas y de la tierra hizo posible que Lewis y Clark encontraran su ruta hacia el **territorio** del noreste. Hoy, existen veintitrés **monumentos** construidos en su honor. En el años 2000 se creó una moneda especial en su memoria. Sacagawea jugó un papel muy especial en la historia de los Estados Unidos de América.

Glosario

explorador, es	Persona que viaja a nuevas tierras para descubrir cosas.
guía (el, la)	Persona que es contratada para llevar a otras personas a un lugar.
jornada (la)	Viaje de un lugar a otro.
medicinas (las)	Algo que se usa para hacer sentir mejor a una persona enferma.
monumentos (los)	Algo realizado en honor de una persona o evento.
ruta (la)	El camino que eliges para llegar a un lugar.
territorio (el)	Trozo de tierra. Lewis y Clark exploraron el territorio al noreste de Norteamérica.

Índice